揭秘北欧海盗

[英] 尼尔·格兰特◎著

张焕新◎译

哈尔滨出版社

HARBIN PUBLISHING HOUSE

黑版贸审字08-2016-078号

图书在版编目（CIP）数据

揭秘北欧海盗 / (英) 尼尔·格兰特著；张焕新译
. —哈尔滨：哈尔滨出版社，2019.10
（图说世界历史）

书名原文：Investigate and Understand the Age
of the Vikings

ISBN 978-7-5484-3152-7

Ⅰ.①揭… Ⅱ.①尼… ②张… Ⅲ.①海盗–历史–
北欧–青少年读物 Ⅳ.①D753.088–49

中国版本图书馆CIP数据核字(2017)第037444号

书　　名: **揭秘北欧海盗**
JIEMI BEIOU HAIDAO

作　　者: [英]尼尔·格兰特 著
译　　者: 张焕新
责任编辑: 杨浥新　任　环
责任审校: 李　战
封面设计: 上尚装帧设计

出版发行: 哈尔滨出版社（Harbin Publishing House）
社　　址: 哈尔滨市松北区世坤路738号9号楼
邮　　编: 150028
经　　销: 全国新华书店
印　　刷: 深圳当纳利印刷有限公司
网　　址: www.hrbcbs.com　　www.mifengniao.com
E－mail: hrbcbs@yeah.net
编辑版权热线: （0451）87900271　　87900272
销售热线: （0451）87900202　　87900203
邮购热线: 4006900345　　（0451）87900256

开　　本: 787 mm×980mm　　1/16　　印张: 3　字数: 72千字
版　　次: 2019年10月第1版
印　　次: 2019年10月第1次印刷
书　　号: ISBN 978-7-5484-3152-7
定　　价: 30.00元

凡购本社图书发现印装错误，请与本社印制部联系调换。
服务热线: （0451）87900278

目录

简介

一千多年前，维京是当时欧洲最强大的民族。维京人居住在斯堪的纳维亚地区，就是被我们今天所熟知的丹麦、瑞典和挪威等国。维京人以斯堪的纳维亚为中心向四周地域扩张。他们是非常凶悍的北欧海盗，"维京人"的意思就是"海盗"。他们抢劫城镇和修道院，残杀当地居民。不过，维京人并不只是施暴和抢劫，大部分维京人拥有自己的土地，从事农业生产。为了得到更多更好的土地，很多维京人离开了家乡。他们因为寻找耕地或做各种贸易而来到了遥远的地方，最终他们成为了有着丰富旅行经验的探险者。

了解更多

考古学家找到了维京人的居住地，并且在维京人的坟墓中发现了各种各样的物品。大部分物品都陈列在世界各地的博物馆中。通过研究这些历史遗物，考古学家目前已经能够制造出现代版的维京房屋和船只了。

怎样使用这本书

这本书带领我们一同探索维京人的世界。书中每个跨页描述维京人生活的一个方面向，我们呈现出一幅引人入胜的维京人的生活图景。

标题

标题位于每页左上角，从标题就会知道这部分的主要内容。

介绍

本书简单、详尽，读者可以了解每一个标题下的内容。对于某些特定的内容，本书还附加了更为详细的补充说明。

亮点

每一页的下方还有一些插图和介绍，目的是鼓励读者小朋友找到那些博物馆中的关于维京人的藏品。

手工艺品

维京人最重要的工艺材□和铁，手工艺者对这两种材□都颇为精通。每一次迁徙，□会建立铁匠、木匠的工作坊。在城镇的工作坊中制作商品，□卖。现代铁匠也许会发现制造维京铁匠造的那般锋利的剑□难。

还有一些皮革手工艺者，□皮革制作马具、鞋子、帽子以□外衣，来抵御敌人刀剑的猛烈攻□地位最高的手工艺者要数珠宝匠□匠了。维京人喜欢金银以及青铜□饰品，无论男女都佩戴金银及青□物，这些饰物象征着一个人的财□并且可以作为货币流通。

看这里 ◎胸针

最常□是颈环、手□及吊坠。□是维京人□上的。维京□形胸针来别□

36

细节

从凶悍的维京士兵到普通维京农民，本书都介绍了大量关于他们的信息，有助于我们全面了解维京人和他们的生活。

嵌入图

本书为了更详尽地解释某些内容，专门嵌入了相关图片，并解释了这些内容的重要性。

插图

本书附有精美的全彩插图，生动地展现了维京人的世界，使叙述更加直观。

铁匠

每一个居民区都令有一位铁匠。当然，最好的铁匠活儿还要数大城镇和贸易中的了。

梳子

用牡鹿的角做梳子，手工艺者会在梳子顶端的两面各放一块平坦的板子。接下来，手工艺者用锯锯下一道道板条，形成梳齿。最后再对梳子做一番修饰。

工具及武器

对于维京人来说，铁是一种非常珍贵的金属。几乎所有高端工具和武器都是铁质的。

木匠

除了以铁作为原材料外，维京手工艺者使用的主要原材料是木头。他们用木头制成船只和房屋，并且维京人精通复杂图案的雕刻。

🔴 木头雕刻品

斯堪的纳维亚有大片森林，维京人都随身携带小刀，因此木头雕刻艺术对于维京人来说就再寻常不过了。如图所示，维京人用雕刻品装饰家具和墙壁。

🔴 玻璃珠

维京人自己不制作玻璃，他们从德国进口不同颜色的玻璃棒，然后将这些玻璃棒熔化，制成玻璃珠和其他物品。

🔴 风向标

图中的这个风向标是由镀金青铜（青铜表面镀金）制成的，曾经放置于一艘维京船只上，后来被迁移到了教堂上。今天，这个风向标被挪威首都奥斯陆的一家博物馆收藏。

🔴 黏土

维京人在黏土中铸造青铜装饰品。遇冷时，黏土就会裂开，人们将青铜装饰品从中取出来。之后人们也许会在装饰品外部镀上一层金。

37

维京人的世界

维京人从家乡斯堪的纳维亚出发，足迹遍布了半个地球。在东半球，维京人横跨俄罗斯，曾到过土耳其和伊拉克境内。在西半球，他们航行至冰岛、格陵兰等地，并抵达北美洲，比1492年举世闻名的航行——克里斯多夫·哥伦布发现新大陆早了500年。维京人在冰岛建立了大型居住区，他们定居在英国、爱尔兰和法国等地，在俄罗斯还拥有很多殖民地。直至今天，我们在这些地区仍然可以感受到维京文化的影响力。

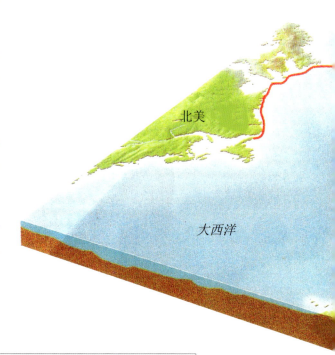

北美

大西洋

定居

维京人主要居住在丹麦、挪威南部以及波罗的海沿岸地区和附近岛屿。特雷勒堡是一座建于公元10世纪的皇家堡垒，这座堡垒很可能是哈拉尔蓝牙国王建立的。东部的环形护城墙对主要建筑物起到保护作用。

挪威

波罗的海

丹麦

特雷勒堡

看这里

（项链上的）垂饰

图中的精美银质挂件是在瑞典找到的。这枚挂件上雕刻着维京人头的图案，人们可以将它穿在项链上，戴在脖子上。

船头的装饰像

图中这座装饰像是在一艘遗留下来的维京船只里找到的。目前已经找到了好几艘保存完好的维京船只，人们可以根据它们制造现代版的维京船只，并驾驶着这些船只沿着北欧海盗的路线横渡北大西洋。

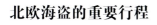

北欧海盗的重要行程

斯堪的纳维亚

公元前8000年左右，上次冰期刚刚结束，维京人的祖先首先在丹麦定居下来。到维京时代（即公元800至1100年），维京人的足迹已经遍布斯堪的纳维亚的大片土地。

格陵兰岛

丹麦

冰岛

芬兰

爱尔兰岛

挪威

法国

瑞典

俄罗斯

西班牙

意大利

北非

地中海

土耳其

里海

南部强盗袭击

维京强盗沿大西洋沿岸向南航行，抵达地中海。之后，他们来到了西班牙、北非和意大利。

向东方扩张

来自瑞典的维京人迁徙到芬兰，并在那里定居。之后，他们又从芬兰向东方迁移，到达了俄罗斯和里海附近。

🔴 **溜冰鞋**

图中的溜冰鞋底部是动物的胫骨制成的。试穿过的人都说这种溜冰鞋很好用，滑行速度快。

🔴 **冰岛小马**

维京人从挪威将小马带入冰岛地区，直至今天我们仍可以看到这些冰岛小马的后代。这种马体形小，生命力顽强。

🔴 **教堂大门**

图中所示的是英国约克郡的一个教堂的大门，大门上装饰着维京船只的图案。制作大门的铁匠也许是在约克郡定居的丹麦人的后裔。

农场和农民

维京人主要从事农业生产。维京人生活中所需要的一切物品几乎都产自农场，不仅包括食物，还包括衣服、家具、工具以及武器。每到夏天，维京人需要种植大量作物，囤积起来以度过漫长的冬天。如果收成不好的话，维京人有时候就会挨饿。

图中所示的大农场属于当地的一名首领。除了他的家人，他还有"奴役"（古斯堪的纳维亚语，意为"奴隶"）和卡尔（古斯堪的纳维亚语，意为"没有土地的自由人"）来帮助分担家中的农活。有时候，村庄中的小型农场会很密集，尤其是在丹麦地区。挪威大面积的肥沃土地并不多，而且农场与农场之间往往相距很远，想要去最近的邻居家也许要花上一天的时间。

外屋/附属建筑

维京人将外屋与主要农舍分开，外屋主要作为面包房、啤酒厂、木匠的工作坊和粮食储藏室。

看这里

农用车

图中所示的是挂毯上的一幅载人马车图。这种马车也可以作为农用车，运送饲料和木头。

农用工具

维京农民也使用铁质农用工具，图片最上面的镰刀刀刃，人们用它来收割庄稼，在很多坟墓里都发现了这种镰刀刀刃。图片最下面的犁带有铁质犁头或切削片（图中间所示）。

10

牲口

牲口可以随便进出牲口棚。

农作物

维京农民种植谷物，例如燕麦、大麦以及黑麦。除了丹麦地区以外，其他地区的维京人很少种植小麦。

农民

很大一部分维京人都是农民，他们有时也打猎、当强盗或是捕鱼。丹麦的土地既平坦又肥沃，利于耕种。而在多山地区的挪威，肥沃的土地就十分稀少。

捕鱼

维京人将鱼类和其他海洋生物作为主要食物。图中的鱼叉是由铁和木头制成的。鱼钩往往由骨头和铁制成。

石磨

在大多数农场里，维京人用手推石磨或手磨机将谷物磨成面粉。手推石磨由两块环形磨石组成。

铁矿石

在斯堪的纳维亚的沼泽中人们发现了铁矿石。可以将它放入木炭火炉里熔炼。

宗教

维京人信奉斯堪的纳维亚神灵，这些神灵的行为举止与人类相同，但却具有超越人类的能力。维京人祭祀神灵，希望神灵能够帮助他们在战争中获胜，庄稼能有好收成。维京人每年举办三次宗教节日活动，每逢节日，维京人都能够享受到大餐。

斯堪的纳维亚宗教认为，人死后，灵魂会进入下一个世界。因此，人们会将死者生前使用的物品与死者一同埋入地下，以供他来生使用。有身份、有地位的人死后，会被放在船内，这些船只也随死者被埋起来；有时人们也会将船只点燃，任其在海面上漂流。普通人的坟墓只有一座船形的墓碑。

埋葬死者的船只

国王、王后以及其他一些有身份、地位的人死后，他们的尸体会运送到船上，然后人们将土盖在上面。

马

维京人相信人死后会经历一段漫长的路途，所以在埋葬死者时，他们也会埋葬一些马，有时还会埋一些马车。

看这里

⬤ 青铜托尔神像

托尔神，是斯堪的纳维亚地区的雷神，是最受人们推崇的神之一。尤其是在挪威，雷神有着众多信奉者。图中的小型托尔神像是由青铜制成的。

⬤ 胸针

图中是"世界大蛇"图案的胸针。"世界大蛇"是一种怪兽，也是神灵的敌人。维京人认为它生活在海洋的最深处。传说，有一次雷神用牛头做诱饵，想要抓住这条蛇。

⬤ 幸运符

雷神将一把双头锤作为武器。每当他将锤子抛出时，天空中就会电闪雷鸣。图中的幸运符就是以雷神的双头锤为原型制作的，人们可以将它戴在脖子上。

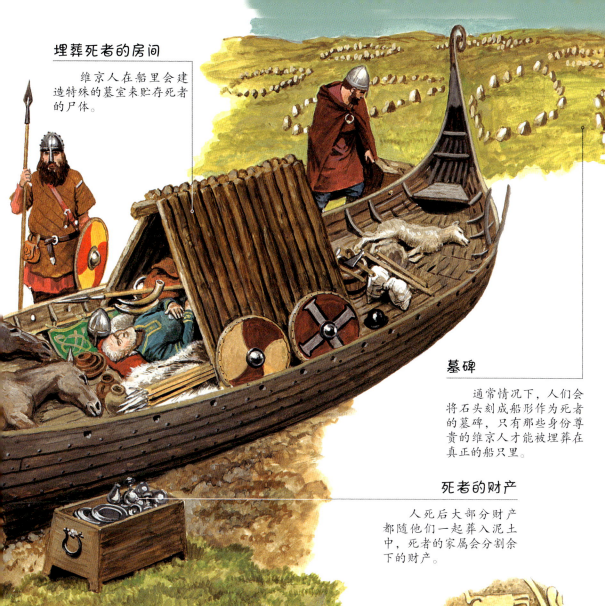

埋葬死者的房间

维京人在船里会建造特殊的墓室来贮存死者的尸体。

墓碑

通常情况下，人们会将石头刻成船形作为死者的墓碑，只有那些身份尊贵的维京人才能被埋葬在真正的船只里。

死者的财产

人死后大部分财产都随他们一起葬入泥土中，死者的家属会分割余下的财产。

渡鸦

向欧丁神传递消息的是一只渡鸦。欧丁神是维京神灵中的主神，很神秘，只有一只眼睛。渡鸦会落在欧丁神的肩上告诉他世界其他地方发生的事情。

草织动物

维京时代，人们会制作草织动物，作为丰收的象征。直到今天，还有很多人在做草织动物。

刻有图画的石头

图中所示的石头上刻着欧丁神骑着他的八腿马（斯雷普尼尔）的景象。

北欧海盗袭击

当维京人第一次作为凶悍的强盗出现在北欧一些地区时，他们横渡海洋，在没有任何警告的情况下开着快速战舰袭击了毫无防御能力的海港以及岛屿上的修道院；他们毫不留情地杀害了手无缚鸡之力的平民百姓；将年轻的男人和女人带走，作为奴隶进行贩卖；并且拿走了他们所能找到的一切值钱物品。

有时维京人会沿着河流航行到很远的地方，袭击内陆城市。公元845年，一百多艘维京战舰沿着法国的塞纳河航行，对巴黎进行了袭击。为了让他们离开巴黎，法国国王不得不给维京人3000千克（约合6600磅）的银子。

修道院

修士们常常将修道院建在岛屿的海岸附近，他们认为岛屿比较安全。修士们更希望遭受陆地侵袭，而不是海洋侵袭。

看这里

刻有图画的石头

图中刻着维京士兵图案的石头是人们在英格兰林第斯法恩岛上找到的。林第斯法恩岛上的修道院是英国最早遭受北欧海盗袭击的地方，于793年遭遇袭击。也许是某位维京时代的人雕刻了图中这块石头，作为历史记录。

珠宝盒

图中的珠宝盒是在丹麦找到的，其实它原本属于一个爱尔兰教堂。这座爱尔兰教堂保存着一名基督徒的遗物。也许这个珠宝盒就是在北欧海盗抢劫时被抢走的。

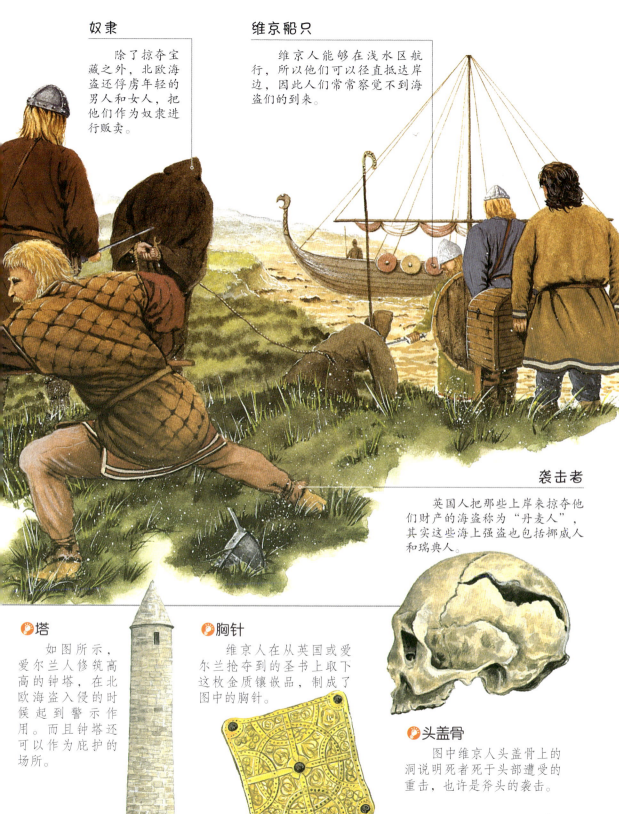

奴隶

除了掠夺宝藏之外，北欧海盗还俘虏年轻的男人和女人，把他们作为奴隶进行贩卖。

维京船只

维京人能够在浅水区航行，所以他们可以径直抵达岸边，因此人们常常察觉不到海盗们的到来。

袭击者

英国人把那些上岸来掠夺他们财产的海盗称为"丹麦人"，其实这些海上强盗也包括挪威人和瑞典人。

塔

如图所示，爱尔兰人修筑高高的钟塔，在北欧海盗入侵的时候起到警示作用。而且钟塔还可以作为庇护的场所。

胸针

维京人在从英国或爱尔兰抢夺到的圣书上取下这枚金质镶嵌品，制成了图中的胸针。

头盖骨

图中维京人头盖骨上的洞说明死者死于头部遭受的重击，也许是斧头的袭击。

船舶和航海

维京人在当时是世界上水平最高的水手，他们的船只也是当时世界上最先进的。他们狭长的战舰驾驶起来轻便而且灵活，既能经得起海面上的风暴，也可以在浅水湾航行。维京人的船只由产自挪威的橡树或松树制成；船头和船尾翘起的部分由自然呈弧形的木头制成，所以不需要切割（切割后容易引起断裂）。

方形船帆和船桨是战舰航行的主要动力，战舰的航行速度可以达到每小时10海里（约等于每小时20千米或者每小时12英里）甚至更多。同当时其他地区的水手一样，维京水手在近海航行，但是他们一点也不畏惧横渡海洋。事实上，维京人曾横渡世界上海上风暴最多的地区——北大西洋。

船帆

船只上有一个方形的、由羊毛布条制成的船帆。人们可以将船帆卷起，这时候桅杆就会下降。维京人主要使用船桨来驾驶战舰，不过在广阔的海面上就不用了。

坚固的构架

船只的支柱（也就是船的龙骨）是由一块木头制成的。再以它为中心，在两边加上弧形的船头、船尾以及船体的其他部分。

看这里

🐾 海上工具

维京船匠所使用的凿砍木头和钉钉子的工具与今天木匠所使用的工具相似。

🐾 渡船

图中的小船在当时很有可能是用于运送客人和运输货物的渡船，用撑竿驾驶。

维京人在本地旅行时也会使用类似于现代划艇那样的小舟。这类小型船只尤其适用于挪威和瑞典西部，因为那里的航线要经过山峦，航行十分艰辛。

船盾（护盾）

维京人将船盾固定在船缘上以保护桨手，防止其遭遇敌方的武器袭击。

船桨

战舰有12对甚至更多对船桨，是驾驶战舰的唯一工具。

操纵板

当时维京人还没有发明船舵，所以船员就用操纵板来操纵船只的方向。由此我们有了"右舷"这个词。

太阳罗盘

维京人没有航海图，也没有海上仪器，但是他们很可能有"太阳罗盘"。维京人用太阳罗盘来测量太阳高度（太阳与地平面之间的距离），通过测量就可以得知船只所在位置距离北面或南面有多远。

锚

维京人用铁制成锚，与今天使用的锚类似。在环境允许的情况下，船只会在半夜靠岸，水手们就在岸边安营扎寨。

战争及征服

维京人想要得到财宝和奴隶，为的是换钱，此外，维京人还想得到土地。起初，他们只是夏天时在一个地方抢掠几天或几个星期，但没过多久，大批的维京军队到来了，在当地度过了整个漫长的冬天。维京军队几乎征服了整个英格兰，那时的英格兰已经分裂成好多不同的王国。

公元878年，西撒克斯国的国王阿尔弗烈德大王与维京首领古德龙签订了一项和约，允许维京人居住在英格兰东北部的丹麦区内。公元911年或912年，以罗洛为首的一支维京部队入侵法国，法国国王查理三世只好将诺曼底割让给维京人。这些维京人刚在诺曼底定居下来，就开始抵御来自其他维京部落的袭击，守卫家园。

浸礼

在阿尔弗烈德和古德龙的和约中，丹麦人同意成为基督徒接受浸礼。对于丹麦人而言，这不仅仅是宗教信仰的改变，更是一种和平的象征。

残暴的战斗者

维京人是很残暴的战斗者，他们没有特别的作战计划，战场上完全是人与人之间的全力厮杀。

武器

双刃剑是维京人所使用的主要武器。维京人也使用其他武器，例如用来投掷和刺伤敌人的矛和战斧、弓箭等。有些武器，比如匕首，制作精美，上面配有金质或银质的把手。

头盔

铁质头盔是质量最好的，头盔上带有鼻卫，可以保护鼻子不受攻击，有的头盔有护眼，不过并没有角。

剑

维京人所使用的剑通常有装饰精美的剑柄，有的剑上还镶着银饰。剑上手握的部分是木质的。

头部防护

只有长官或是拥有重要地位的士兵才有权戴铁质头盔。其他士兵也许就只戴着硬一些的皮革帽子，这种帽子会削弱敌人剑的杀伤力。

🐾锁子甲

锁子甲山铁链制成，通常要花费很长时间来制作，且制作成本较高。有时人们只在头盔处附上一片锁子甲来保护颈部。

🐾护盾

维京人作战时携带圆形的、色彩鲜艳的护盾。护盾的直径大约一米，足以保护士兵身体从颈部到大腿的部分。维京人将护盾一个挨着一个地摆放在船边，防止桨手遭遇敌人矛和弓箭的袭击。

🐾斧头

斧头可以当作日常工具，也可以作为武器，只是通常情况下，作战斧头有更长的斧刃。

定居

维京人还在斯堪的纳维亚以外的许多地方定居。然而，这其中的一些地方已经有居民了，例如英国、爱尔兰、法国等地，所以维京人就需要与他们作战，争取自己的居住区。其他一些地区，如法罗群岛、冰岛等地，在维京人定居之前是没有人居住的。

地位高的男性首领带领其他维京人获取定居地，他们通常被称为贵族首领（伯爵）。这些首领成为统治者，独立掌管居住区的事务，但他们的大部分土地最终都被国王没收。一些居住区逐渐发展成为重要的城市，例如，爱尔兰的首都都柏林当年是一个海军基地，是由维京人于公元843年建立的。维京人在曼岛上也建立了独立王国，直至今天，曼岛依然拥有自己的议会。

篱笆

维京人用篱笆来筑墙，用柳条编制篱笆。为了能够挡风防潮，维京人把泥土和动物的粪便填充到篱笆的空隙之中。

石墙

建筑师们通常用石头作为底部墙体的建筑材料，尤其是在木材资源匮乏的地区，石头发挥着重要的作用。维京人没有灰浆，所以他们只能将干石头整齐地叠放在一起。

看这里

地名

我们根据地名就可以判断哪里是维京人定居的地方，例如，名字以by(意为"村庄")结尾的地方、名字以thorpe（意为"农场"）结尾的地方、名字以keld(意为"井")结尾的地方以及名字以thwaite(意为"土地")结尾的地方。设得兰群岛和奥克尼群岛的大部分地名都来自维京人使用的古斯堪的纳维亚语。

土丘

图中所示的是曼岛议会丘，纪念在曼岛举行的斯堪的纳维亚议会。"曼岛"来源于古斯堪的纳维亚语，意为"举行议会的平原"。时至今日，人们仍将在曼岛上举行的议会称为Tynwald（曼岛议会）。

Keld 4½
Thwaite 6

爱尔兰

生活在爱尔兰的维京人在爱尔兰沿海地区建立了很多贸易聚集地。后来，这些贸易聚集地逐渐发展成了大城镇，其中都柏林是最大的城镇。现在很多爱尔兰城市都有一段维京人治理的历史。

利默里克

科克

都柏林
威克洛
韦克斯福德
沃特福德

道路

在交通拥堵的城镇，维京人用坚硬的木材修筑马路。他们也使用柳条板铺路，但是柳条板很脆，不便于马车在上面行走。

茅草屋顶

在一些地区，维京人在屋顶上盖上茅草，这些茅草通常是干芦苇或稻草。

🦶墓碑

图中的这座墓碑现保存于伦敦的圣保罗大教堂。碑文上写着这座墓碑是由金娜和托基树立的，可能是为了悼念某个在丹麦克努特国王统治时期死去的人。

🦶墓石

这种墓石到目前为止只在英国发现过。图中的这座墓石也许是仿照珠宝盒制作的，例如本书第14页的珠宝盒。目前还没有人知道墓石中的熊代表什么。

贸易

有些维京人非常富有，他们不是靠偷窃，而是靠做买卖发家致富的。考古学家找到了一些物品，这些物品来自欧洲各地的坟墓，甚至有一些来自亚洲的坟墓。虽然很多物品都是维京人偷来的，但也有一些物品是维京人通过做买卖获得的。起初维京人通过以物易物（用一种商品来交换另一种商品）的方式来进行交易，日子久了，维京人也逐渐富有起来，于是他们开始进行商品买卖，来赚取财物。

维京人最贵重的出口商品也许就是奴隶和动物皮毛了。维京人囤积大量动物皮毛用于出口，他们也出口木材。同时，维京人还要进口谷物，因为寒冷的北半球高纬度地区不适宜种植谷物。维京人还进口葡萄酒、盐、布匹、陶器以及玻璃。

奴隶

奴隶是维京人最贵重的出口商品，他们是维京人在袭击中抓获的俘虏。

看这里

天平

维京人的天平是由青铜制成的。维京人通过使用铅块来称量银子的重量。商人将他们的天平折叠起来放在小盒子中。

青铜像

图中这尊青铜佛像（佛陀的雕像，佛陀是指创立佛教的神圣者，提出了佛家经典）是人们在斯堪的纳维亚找到的。这尊佛像来自印度，也许在运往斯堪的纳维亚之前有很多位主人。

贸易者

来自欧洲各个地区甚至是中东地区的贸易者聚集在斯堪的纳维亚的贸易中心。

贸易路线

这幅地图展示了维京人横穿欧洲的主要贸易路线。

酒

由于当地气候过于寒冷，维京人没有办法种植葡萄，所以他们从法国和德国进口葡萄酒。

船只

与战船相比，商船更大，更深，一些商船甚至能够运载40或50吨货物。此外，商船的船员数量也少，船员主要通过船帆来操控船只，在必要的时候也会运用船桨。

🐾动物雕刻

来自波罗的海的琥珀、来自英格兰东北部的黑玉以及水晶（像玻璃一样的石头）都可以在广大的维京腹地找到。图中这件维京装饰品就是由黑玉制成的。

🐾钱币

维京人根据钱币的重量而不是钱币的种类来计算价值。如果一件商品的价格是一枚半银币的重量，那么买主就需要将钱币切成两半。

🐾象牙

维京人会雕刻象牙人像。如图所示的这种象牙人像是由从格陵兰、挪威和冰岛进口的海象牙制成的。

23

城镇

大部分维京人都是农民，但随着城镇逐渐发展成为贸易中心，维京人也逐渐成为城镇居民。这幅插图展示了以前位于丹麦南部的海泽比（今位于德国境内）的生活图景。海泽比建立于公元800年以前，占地面积达24公顷（59英亩）。

时至今日，我们仍然可以看到建立于公元10世纪的防御土垒（土堆）。考古学家将城镇的部分地区进行修复，给出了一个完美的城镇复原图。海泽比不但是欧洲东部和西部之间的贸易中心，同时那里也建立了很多人工作坊，人们可以在人工作坊中制造商品与附近的村庄进行贸易往来，从而换取食物以维持生计。

城墙防御体系

城镇外围的木质栅栏和土垒起到了保护城镇安全的作用，是一道防御措施。

家园

维京城镇更像是村庄。每家每户都有自己的栅栏，将房屋和墙外建筑一同围入。人们还会饲养家畜，种植蔬果。

看这里

🐾梳子

图中的兽角梳子以及梳子盒都是当地的商品。

🐾斗篷别针

图中这款斗篷别针是别在一位男士左肩上的。人们在丹麦找到了这款斗篷别针，上面还有人像装饰。

在港口

船只靠岸时，人们会将船帆降低，船桨放在甲板上呈Y形的支架上。

水路

维京人通常将城镇建立在海边或是河流入海处。船舶是最为便捷的交通工具。

城镇居民

人们在维京城镇里定居，与周围的村庄进行贸易往来。

毛片

有时人们在门前铺上毛片，当毛片变脏了，他们就扔掉它，然后换上新的。

蜂蜜

维京人没有糖，所以他们用蜂蜜作为甜味剂。蜂蜜也是酿造蜂蜜酒的主要原料。

井

城镇居民通常从水井中打出新鲜的饮用水。

25

生活在东方的维京人

公元9世纪，瑞典商人穿越波罗的海抵达俄罗斯，与斯拉夫人进行贸易往来。他们划着船，沿着俄罗斯境内的河流南下。当遇到急流险滩时，他们便将木船举起，带在身边。瑞典商人经过第聂伯河来到黑海，然后又来到了君士坦丁堡（现为位于土耳其的伊斯坦布尔）。他们穿过伏尔加河抵达里海，之后又骑着骆驼来到巴格达（现为伊拉克首都）。

维京人可以在东方市场上购买一些贵重的商品，诸如丝绸、香料等。瑞典商人在他们主要的贸易中心诺夫哥罗德的城市发展建设中发挥了重要的作用，也为俄罗斯帝国的早期发展做出了贡献。

急流

那些穿过欧洲北部的瑞典探险家划着船沿河而行。当遇到急流险滩时，他们便将木船举起，带在身边。

 看这里

雪橇

维京人使用雪橇在雪地上运输物资，这种雪橇类似于现代的木质雪橇。在寒冷的天气里，相比易于陷入雪地或泥潭的运货马车，雪橇更加实用。

护身符

这个阿拉伯护身符（也叫作幸运符）是在斯堪的纳维亚发现的，很可能是什么人在巴格达买的。

马具

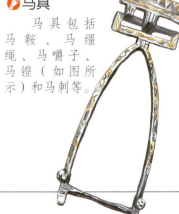

马具包括马鞍、马缰绳、马嚼子、马镫（如图所示）和马刺等。

武器

因为斯拉夫部落总是不欢迎这些瑞典贸易者，因此为了抵抗斯拉夫人的攻击，贸易者需要佩带武器。

驮马

在陆上运输时，商人们用驮马来运输物资。

河流

如果是长途运输，那河流就是最快的"路"。从波罗的海运送货物到黑海，走水路要比走陆路快得多。

如尼石

那些前往东部的商人有时会准备如尼石（见第38页），这些如尼石记录了他们的行程。

马项圈

人们用马拉车、犁地、拉雪橇。马缰绳上通常都套着精心制作的马项圈。

冰岛的维京人

公元9世纪70年代，维京人开始从挪威向冰岛迁徙。第一批在冰岛定居的维京人是在首领们的带领下来到冰岛的，他们想拥有更多土地，并且，因为挪威国王的权力日益加大，他们也想从挪威逃离出来。维京人定居冰岛之前，只有为数不多的爱尔兰修士来过冰岛，不久之后这些人就离开了。与当时其他任何一个国家都不同的是，维京人统治下的冰岛是一个共和国——没有国王。议会——阿尔庭有权通过法律，有时人们将建址于辛格韦德利的阿尔庭称为世界上的第一个议会。人们会选举出一位男性公民作为统帅。

他需要将一切法律条文烂熟于心，因为在公元1119年之前，还没有书面法律。除了政治功能外，阿尔庭也是一个供人们交流信息和交换物资的地方。

法律宣布人

当时冰岛的"法律宣布人"由人们选举产生的男性法官担任。"法律宣布人"会在"法律岩"那里给首领们演讲。很久以前发生的一次火山喷发，形成了一处火山岩峭壁，即"法律岩"。

看这里

温泉

冰岛有很多温泉，那些将房子建在温泉附近的人可以享受温泉时光，即使是在寒冷的冬日，他们也可以泡个热水澡。

农舍

冰岛农舍的顶壁和屋顶都覆盖着草皮。相比木头，草皮更为柔软，但是较为稀少。与现在相比，维京时代冰岛的树木要更多。

当地首领

当地首领负责掌管法律事务和政府的公共事务，通常维京人通过协商和投票的方式来解决争端。

长凳

人们在参加议会或是当地大会的时候，都会坐在临时搭建的围成一圈的长凳上。人们将板子放在石头上，搭成长凳。

阿尔庭首领

如果议会上大家讨论得言辞激烈，气氛紧张，那么阿尔庭首领就会将人们手中的武器整齐地堆放在距离议会很远的地方，以防止发生冲突。

👣萨迦

冰岛是萨迦——北欧民间故事——的故乡。在这些民间传说和故事诞生的200至300年后，人们将它们记录了下来，写成萨迦。萨迦向我们讲述了很多有关维京人和他们生活方面的故事。

👣鸟蛋

维京时代，大批海鸟飞往北大西洋沿岸的冰岛，于是鸟蛋成为了当时可以改善冰岛人胃口的别样美味。

👣大麦

尽管当时的气候比现在温暖，但冰岛的温度还是很低，不适宜种植小麦。所以人们就种植大麦，并将其制作成扁扁的面包。冰岛人也通过麦芽处理，将大麦酿造成麦芽酒。

发现者

北欧海盗很快占领了冰岛最富饶的土地。公元985年，红胡子的埃里克率领维京人从冰岛迁徙到格陵兰，格陵兰是他在之前的旅行中发现的。尽管格陵兰的大部分地区都被厚厚的冰雪覆盖，但在格陵兰岛上，人们依然可以找到肥沃的土地。而且与冰岛相比，格陵兰的气候也没有那么寒冷。

埃里克在格陵兰建立了农场，其他一些维京人也定居在这里。后来，他们发现了大洋西面的广阔大陆。大约在公元1000年，埃里克的儿子列夫·爱立信西行穿越大洋，抵达了那片新大陆。他发现那里的气候温暖，森林茂密，还有野生葡萄，于是便将那里命名为温兰德（葡萄酒陆地）。温兰德的具体位置我们无从得知，但人们后来在纽芬兰找到了维京人的居住遗迹。

三文鱼

尽管格陵兰的大部分地区都被冰雪所覆盖，但依然可以产出大量的食物，例如河水中的三文鱼。

🔍 看这里

🔸 剪刀

像图中所示的羊毛剪刀对于维京人来说是很贵重的工具。维京人将羊毛剪下，放置在一个特制的木质小盒里。

🔸 鱼

格陵兰居民通过挖沙沟的方式捕鱼。他们会在落潮时在沙滩上挖沙沟，潮水袭来，鱼儿也随着潮水游进来，等到再一落潮时，鱼儿就被困在了沙沟中。

商人

很久以前，生活在格陵兰的居民一直与冰岛居民和斯堪的纳维亚居民保持着联系。商人们用其他物资来交换格陵兰的产品，比方说北极熊的皮毛。

冬日里的食物

人们将鱼放在杆子上悬挂晾晒，晒干后贮存起来，为即将到来的漫长冬天做准备。

鹿肉

捕鹿行动结束后，人们开始剥去猎物身上的皮，然后将鹿肉晒干并贮存起来，作为寒冷冬季里的食物。

鲸鱼骨

当地居民从鲸鱼身上获得了很多有用的东西。比方说鲸鱼肉、鲸鱼油，甚至还有从鲸鱼口中获得的坚硬的鲸鱼骨（骨板）。鲸鱼骨可以制成很多物品，例如图中的斧头。

葡萄

当列夫·爱立信在格陵兰西部横穿大洋时，他发现了一个生长着野生葡萄的地方。于是他将那片新大陆命名为温兰德（葡萄酒陆地），然而遗憾的是，温兰德的具体位置我们今天无从知晓。

建筑

根据现有资料记载，维京人会建造各种房屋。他们所建造的房屋使用时间并不长，维京人常常遗弃原有的村庄和农场，然后在附近建立新的家园。维京人需要生火，但他们的房屋里却没有烟囱，所以浓烟只能从屋顶的一个小洞排出，房屋经常因火灾而倒塌。维京人用已经丧失肥力的土地作为家里的地板，墙以木头作为内里，有时维京人还会在墙上镶嵌玻璃板。

维京建筑物只有一层。有些农舍宽敞高大，内部有柱子支撑着屋顶。这种类型的建筑也可以作为家用住宅、工作间或者教堂（基督教时代的）。维京人的长屋里通常都有一个储存谷物的房间或是冬日里饲养家牛的牲口棚。

丹麦

菲尔卡特皇家堡垒位于丹麦境内。人们将木头呈一定角度倾斜，以此来固定屋顶。

冰岛

冰岛房屋的墙壁和屋顶覆盖着厚厚的草皮，地基是石头垒砌的。

爱尔兰

都柏林房屋的外墙是由抹灰篱笆制成的。

丹麦

在阿罗斯（又称奥尔胡斯），建筑物有一半在地下，屋顶覆盖着茅草。

俄罗斯

在大诺夫哥罗德（原称诺夫哥罗德），人们在建造房屋时以整根松木作为建筑材料。

学徒

房屋建造是每一个维京男孩都会学习的一门技术。

看这里

长屋

直到今天，设得兰群岛上还有很多像农舍一样的长屋，这些长屋是由维京人在很多个世纪以前建造的。长屋主要由一间狭长的屋子和几间冬天时供家畜生活的牲畜棚构成。

厕所

人们在英国的约克郡发现了图中的露天厕所。维京人在地面上挖一个大洞，然后将简易长凳置于上面。

木头

当维京人手中有木头时，他们用木头来建造房屋。

茅草

如果维京人能够找到稻草或者芦苇，他们就用其作为屋顶的建筑材料。

扶壁

由于维京人的房屋没有地基，所以维京人以一定角度将粗壮的木头顶于墙壁，作为扶壁，增加房屋的稳定性。

柳条

柳条有柔韧性，所以维京人用柳条来编制篱笆，作为建筑材料。

钻机

木匠在使用钻头时会通过前后移动把手来固定钻头。钻头通常由铁制成。

草皮

像冰岛这样的地方很难看到高大的树木，所以人们从草地上割草作为墙壁以及屋顶的建筑材料。

家庭生活

维京人的家里很阴暗，没有窗户，烟雾缭绕。维京人的家具很少，只有架子、凳子和衣橱。大型农庄的院子大约有40米（合130英尺）长。根据萨迦的记载，常常有百余号人聚集在庭院里享用大餐。当聚餐结束时，维京人将长凳和桌子放在屋顶上，这样不会挡住路。

当丈夫不在家时，妇女就负责料理家务并处理好整个农场的事务。尽管维京妇女不能享有与男性一样的权利，但她们比同时代很多地区的妇女享有更多权利。孩子们不去学校上学，他们会在家帮助料理农场事务，并学习成年后需要具备的技能。

器皿/用具

厨师会使用铁罐、皂石碗、陶碗以及木盘等厨具。维京人吃饭时使用刀和勺子，或者直接用手吃饭，他们不使用叉子。

炉地

房屋的中心，是维京人生火的地方，叫作炉地。炉地给家里带来了温暖和光明，人们还在这里做饭。

看这里

棋类游戏

人们在维京人的墓穴中找到了棋类游戏。棋类游戏中的跳棋是需要和对手一起玩的，但我们无法得知确切的游戏规则。

织布机

妇女在家中制作衣服，通常衣服以羊毛为原材料。她们用织布机（如图所示）编织羊毛制品，包括船上的船帆。

床

只有富有和有权力的维京人才可以用上木质床。图中的木质床属于一位9世纪初期的挪威女王。

肉和蔬菜

维京人主要食用肉类和鱼类，他们也种植蔬菜，例如卷心菜和欧洲防风草等。

羊毛

女人制作衣服的主要原材料是羊毛。图中这位维京妇女在纺纱，用织布机（靠在墙壁上的）编织衣服。

🐾高高的椅子

家中位高权重的人会坐在一把高高的特殊椅子上。这种椅子很像王座。

🐾木槌

在一些地区，人们也穿亚麻布做的衣服。为了制作亚麻布，维京人用木槌（图中所示）将亚麻植物的根茎捣碎制成纤维。

🐾角杯

维京人将动物的角制成饮水的杯子。由于角没有一个平面，所以立不起来。

手工艺品

维京人最重要的工艺材料是木头和铁，手工艺者对这两种材料的使用都颇为精通。每一次迁徙，维京人都会建立铁匠、木匠的工作坊。维京人在城镇的工作坊中制作商品，然后售卖。现代铁匠也许会发现制造一把如维京铁匠制造的那般锋利的剑有些困难。

还有一些皮革手工艺者，他们用皮革制作马具、鞋子、帽子以及束腰外衣，来抵御敌人刀剑的猛烈袭击。地位最高的手工艺者要数珠宝匠及金匠了。维京人喜欢金银以及青铜质装饰品，无论男女都佩戴金银及青铜饰物，这些饰物象征着一个人的财富，并且可以作为货币流通。

铁匠

每一个居民区都会有一位铁匠。当然了，最好的铁匠活儿还是要数大城镇和贸易中心的了。

看这里

胸针

最常见的维京珠宝是颈环、手环、项链以及吊坠。圆形的大胸针是维京人用来别在大衣上的。维京妇女佩戴卵形胸针来别紧外衣。

木头雕刻品

斯堪的纳维亚有大片森林，维京人都随身携带小刀，因此木头雕刻艺术对于维京人来说就再寻常不过了。如图所示。维京人用雕刻品装饰家具和墙壁。

梳子

用牡鹿的角做梳子，手工艺者会在梳子顶端的两面各放一块平坦的板子。接下来，手工艺者用锯锯下一道道板条，形成梳齿。最后再对梳子做一番修饰。

工具及武器

对于维京人来说，铁是一种非常珍贵的金属。几乎所有高端工具和武器都是铁质的。

木匠

除了以铁作为原材料外，维京手工艺者使用的主要原材料是木头。他们用木头制成船只和房屋，并且维京人精通复杂图案的雕刻。

🔶玻璃珠

维京人自己不制作玻璃，他们从德国进口不同颜色的玻璃棒，然后将这些玻璃棒熔化，制成玻璃珠和其他物品。

🔶风向标

图中的这个风向标是由镀金青铜（青铜表面镀金）制成的，曾经放置于一艘维京船只上，后来人们把它移到了教堂里。今天，这个风向标在挪威首都奥斯陆的一家博物馆里。

🔶黏土

维京人在黏土中铸造青铜装饰品。遇冷时，黏土就会裂开，人们将青铜装饰品从中取出来。之后人们也许会在装饰品外部镀上一层金。

艺术与诗歌

今天我们通过维京珠宝或是石头雕刻品就可以感受到维京艺术的魅力。有一些木质雕刻品存留至今，但是很多木头和纺织品都已经腐烂了。纺织品中的挂毯也都无迹可寻。维京人的设计栩栩如生，并且十分富有创造力。但他们的设计通常都是抽象的，并不那么现实主义。他们主要采用狭长的呈丝带状的动物头像作为设计元素，造型怪异且奇特。

诗歌在维京国王和贵族中间非常流行。宫廷诗人（古斯堪的纳维亚的）又称吟唱诗人。他们的诗歌往往以英雄和战争为题材。他们需要将诗歌铭记于心，因为直到维京时代末期才出现记载诗歌的书籍。维京人有一种书写体，叫作如尼字母。如尼字母是一种刻在木头或石头上的文字，通常用小刀雕刻。如尼字母由一些竖直倾斜的笔画组成，便于人们篆刻。

如尼字母

不是所有维京人都能够理解如尼字母，因此维京人有时将如尼字母视为一种有魔力的标记。人们通常在执行日常任务，比如做记录时使用这种古代北欧字母。

雕刻技术

这些刻有图画的石头存留于波罗的海上的哥德兰岛上。图画展示了船只和士兵，以及神话中的景象。

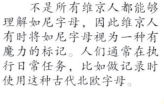

看这里

排箫

图中的木质排箫是维京时代的，来自英格兰的约克郡，人们至今仍然可以演奏它。

骨箫

维京人喜欢讲故事，热衷于摆宴席，他们也许也热爱唱歌。但我们对于他们的音乐却一无所知。图中的这支骨箫是人们在瑞典找到的，是由动物的骨头制成的。

竖琴

维京人有他们自己的弦乐器，其中包括一种类似于凯尔特不列颠人的古竖琴。

讲故事的人

　　维京时代早期，人们讲述著名英雄的故事，这些故事被称为萨迦，直到数世纪以后，这些故事和传说才被人们记载下来。

石头纪念物

　　大部分石头上的如尼石刻一直存留到今天，维京人也在其他材料，比如木头和骨头上雕刻。

字母表

　　今天人们很难辨认如尼字母，因为一种标记也许有一种以上的读音，并且有些如尼字母没有相对应的符号。

装饰精美的杯子

　　图中这只装饰精美的杯子是人们在丹麦的一处皇家墓穴中找到的。杯子上装饰着两只蛇身鸟头的动物画像。

纪念碑

　　维京人为死去的亲属树立纪念碑。有些纪念碑上刻有图画，维京人先在石头上雕刻，然后着色，制作手法类似于如尼石刻。

君主及帝国

公元8世纪末，维京人开启了维京时代。当时，虽然丹麦国王还没有掌控整个国家，但是丹麦是唯一一个统一的国家。大约在公元890年，哈拉尔一世统一了挪威南部地带。直到公元12世纪，瑞典才成为一个统一的国家。那时，国王依然依附于贵族以及首领的支持。当时的议会负责法律的制定。

后来，维京人希望在广大腹地上能有一位掌控军队、实施法律以及颁布命令的国王。皇室的政治权力加强，国王可以颁布自己制定的法律。其中一位最伟大的国王就是丹麦国王克努特（又称卡纽特）。他卒于公元1035年，在此之前他统治着丹麦、挪威、瑞典的大部分以及英格兰地区。

克努特国王

克努特国王的朝臣向他诉说他有多么伟大。他们奉承地说道："只要有您的命令，潮水也会退去。"于是克努特国王就坐在岸边命令潮水退去，结果他却浑身湿透，朝臣们都觉得他很可笑。

看这里

稀有图画

在维京时代，斯堪的纳维亚的真实人物画像并不多见。图中这幅是克努特国王及艾玛王后的画像，出自一位英格兰画家之手。

教堂

图中是圣马格努斯大教堂的门，位于奥克尼群岛的柯克沃尔。公元12世纪，奥克尼群岛的一位瑙尔斯伯爵修建了这座教堂。在这个时期，伯爵都是独立的王子，手握权力，并且统治着苏格兰的部分地区（包括西部岛屿）。

贵族

当克努特国王命令潮水退去时，丹麦及英格兰的贵族正在此观望。

丹麦帝国

克努特国王是丹麦国王中最伟大的一位，他统治了丹麦、挪威、英格兰全境以及瑞典的大部分地区。

挪威

设德兰群岛

奥尼克群岛

瑞典

苏格兰

北海

波罗的海

丹麦

威尔士

英格兰

神圣罗马帝国

🔥 节日

设得兰群岛上的人们为纪念他们的维京祖先，每年一月要举行维京圣火节，这天，他们要彻夜欢庆。节日当夜，人们要燃烧一艘仿制的维京船只。

🪙 埋入地下的银币

当遇到危险或是背井离乡的时候，为了财富的安全，富有的维京人会把银币埋入地下。有时在银币被挖出之前，他们就已经去世了。人们偶然间发现了很多维京人遗留下来的宝藏，也许还有更多宝藏等待着我们的探寻发掘。

维京时代的终结

维京时代并不是骤然终结的。公元1066年，英格兰国王哈罗德·葛温森击败了挪威国王哈拉尔德。挪威的战败标志着维京时代的结束，北欧海盗的暴力抢夺也不再屡屡得手了。随着农业技术的进步和改良，人们不再需要大量土地。所以当维京人定居下来时，他们便能与当地居民和睦相处。

基督教开始在斯堪的纳维亚流行开来，尽管基督教避免不了战争，但它却能教诲人们杀戮是一种罪恶。从维京人在斯堪的纳维亚建造的教堂数量上就可以看出基督教在当地的广泛传播。与其他建筑物相似，教堂也是由木头建成的，成为了我们今天所熟知的木条教堂。

龙头

博尔贡教堂的顶部矗立着基督教十字架，旁边的维京龙头守护着十字架，使其免于恶魔（邪恶的灵魂）的纠缠。

看这里

城堡

公元11世纪，欧洲人开始修建石头城堡。这些石头城堡十分坚固，因此可以成功抵御北欧海盗的袭击。

重建维京建筑

近些年来，随着考古学家的不断探索和努力，我们对于维京文化也有了一定了解。在斯堪的纳维亚、英国以及爱尔兰等地，考古学家重建了许多维京居住区。

雕刻品

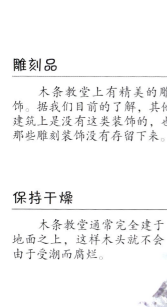

木条教堂上有精美的雕刻装饰。据我们目前的了解，其他维京建筑上是没有这类装饰的，也许是那些雕刻装饰没有存留下来。

保持干燥

木条教堂通常完全建于地面之上，这样木头就不会由于受潮而腐烂。

木条教堂

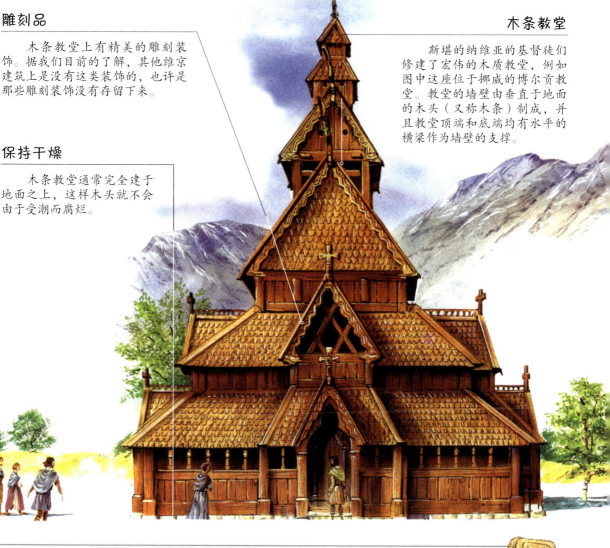

斯堪的纳维亚的基督徒们修建了宏伟的木质教堂，例如图中这座位于挪威的博尔贡教堂。教堂的墙壁由垂直于地面的木头（又称木条）制成，并且教堂顶端和底端均有水平的横梁作为墙壁的支撑。

⬤贝叶挂毯

在击败挪威国王哈拉尔德不久之后，英格兰就遭遇了诺曼人的侵略。贝叶挂毯上记录着"诺曼征服"的历史。诺曼人其实就是古挪威人（古斯堪的纳维亚人），第一批诺曼人就是维京安居者。然而到了公元1066年，他们的后代都成为了法国人。

⬤石头十字架

图中这个石头十字架上刻着一位维京士兵。尽管他是一位基督徒，但按照古老的维京传统，这位士兵还是得和他的武器一同埋入地下。在英格兰北部，人们可以看到类似这种十字架的纪念物。

大事年表

前8000年

维京人的祖先在丹麦定居。公元800—1100年，他们已经占据了斯堪的纳维亚的大片土地。

800年以前

维京人在海泽比建立城镇。海泽比先前隶属于丹麦，现在位于德国境内。

843年

维京人发现了位于爱尔兰境内的都柏林，并将其作为海军基地。

866年

维京人占领了英格兰北部城市约克。

878年

西撒克斯的阿尔弗烈德大王同意与维京首领古德龙签订和约，允许维京人定居在英格兰东北部。

前8000年　　800年　　850年　　875年

793年

林第斯法恩岛上的修道院遭遇袭击。那里是英格兰地区最先遭遇北欧海盗袭击的地方。

9世纪

瑞典的维京商人穿越波罗的海，抵达俄罗斯。

845年

维京人驾驶100多艘战舰沿着法国的塞纳河航行，袭击了巴黎。

9世纪70年代

来自挪威的维京人开始陆续在冰岛定居。

大约890年

哈拉尔一世统一了挪威南部地带。

参考书目

Bedford, Kate Jackson, *Vikings* (Children in History), Franklin Watts, 2011.

Chisholm, Jane, *Who Were the Vikings?* (Usborne Starting Point History), Usborne Publishing, 2002.

Deary, Terry, *Vicious Vikings* (Horrible Histories), Scholastic, 2013.

Hewitt, Sally, *Project History: The Vikings*, Franklin Watts, 2013.

Macdonald, Fiona, *Vikings* (101 Facts), Miles Kelly Publishing, 2011.

Margeson, Susan M., *Viking* (Eyewitness), Dorling Kindersley, 2010.

Wingate, Philippa and Millard, Anne, *Viking World*, Usborne Publishing, 2003.

10世纪

位于丹麦的特雷勒堡皇家城堡竣工。

985年

红胡子的埃里克率领维京人从冰岛迁徙到格陵兰。

1000年

列夫·爱立信西行穿越大洋，从格陵兰来到纽芬兰（新发现的大陆），他将新大陆命名为温兰德。

1018至1035年

克努特大王统治丹麦。

1035年

克努特大王驾崩。

900年　　　　　　　1000年　　　　　　1020年　　　　　1030年　　　　　1070年

911或912年

法国国王查理三世将法国的诺曼底交到了维京人手中，当时的维京首领是罗洛。

11世纪以后

维京人开始信仰基督教。

1016至1035年

克努特国王统治英格兰。

1028至1035年

克努特国王统治挪威。

1066年

英格兰国王哈罗德·葛温森击败了挪威国王哈拉尔德。

参考网站

www.bbc.co.uk/education/topics/znt6fg8

jorvik-viking-centre.co.uk/who-were-the-vikings/

www.britishmuseum.org/explore/online_tours/europe/the_vikings/the_vikings.aspx

www.pbs.org/wgbh/nova/vikings/

浏览网站注意事项：

　　出版方已经尽力确保上述所列网站适合孩子浏览。然而，由于网站地址和内容多变，还是建议孩子在大人陪伴下浏览。

词汇表

红色的词在书中有更多的参考内容

A

阿尔庭 冰岛自由人组成的议会，有权通过法律，帮助人们解决争端。

B

宝藏 隐匿的存放宝物的地方。

堡垒 城镇或是城堡的强有力的防御建筑。

贝叶挂毯 是一种刺绣品，上面以文字和图画的形式记载了诺曼人征服英格兰人的历史，嵌在板子上，就像连环画一样。

C

操纵板 装置在船只一侧的木质船桨。在船舵发明之前，人们用其来掌控船只的方向。

草垫 从草地上割下来的方形草皮，维京人用其来建造房屋。

草皮 用于建造房屋的草和泥土的厚片。

长屋 一种典型的维京人居住的房屋，由一间狭长的屋子和几间马房、储物室组成，房间呈直线状分布，马房和储物室在长屋的同一端。

船缘 船体侧部最顶端的部分。

D

丹麦防御墙 在维京时代横贯丹麦南部的防御墙，为了抵御外来部落的入侵。

丹麦赋税/丹麦金 欧洲统治者付给维京强盗的钱，以求其离开他们的国家。

丹麦区 英格兰的一个地区，大致在英国东北部，公元9世纪末期被划归给了维京人。

F

风向标 风向标由扁扁的金属或其他材质制成，通常是箭头状的，矗立在桅杆或教堂的塔尖处。人们通过观察它可以得知风向。

蜂蜜酒 一种由蜂蜜制成的酒精饮料。

G

古挪威人/古斯堪的纳维亚人 维京人的另一个名字。

古斯堪的纳维亚语 一种维京人说的语言，现代斯堪的纳维亚语由此演变而来。

挂毯 一种编织或刺绣而成的布料，上面带有图画或装饰图案，通常挂在墙上。

贵族/首领 是当地的领导者，有时甚至有着和君主一样的权力。

H

护身符 人们认为可以使人免于危险的珠宝或其他物品。

J

剑柄 剑的把手。

K

凯尔特人 关于凯尔特人的信息，凯尔特人在公元前500年抵达英国。

考古学家 研究古代文明的专家，尤其研究没有人类文字记载的远古时代的文明，他们通过古代物品、建筑、坟墓或其他遗迹来进行研究。

克诺尔船 一种维京人使用的货船。

刻有图画的石头 一种具有纪念意义的石头，通常是为了纪念某一个特定的人，它们矗立在路边。

矿石 一种含有金属的岩石，可以通过一些方法将金属分离出来，比方说通过熔炼。

L

犁 一种农业用具，犁头锋利，人们在播种之前用其翻土。通常系在动物身上，例如马或牛身上，在今天很多国家都使用拖拉机来犁地。

镰刀 一种有着弯弯的刀刃的刀，把手很短，人们用来割草或谷物。

M

抹灰篱笆 由小树枝、稻草、动物毛发及黏土组成的混合物，用于制成栅栏或围墙。维京人用篱笆做框架，然后用黏土将其填充。

墓碑 坟墓的标记，多由石头做成，上面刻有死者的名字、出生日期和死亡日期。

木条 建筑物中垂直的厚木板。

N

奴隶 附属于他人并且任人买卖的一类人。他们就像商品一样，没有任何权利。

奴役 古斯堪的纳维亚语，意为奴隶。

O

欧丁神 是维京神灵中的主神，被人们称为战神。他也是一位可以随心所欲改变自己形象的魔法师，也可以预知未来。

Q

强盗 趁人不备袭击他人的人。

R

熔炼 加热熔化矿石，将金属从矿石中分离出来。

如尼字母 维京人用于书写的一种符号，就像我们现代的字母一样。维京人将这些字母刻在木头或石板上。

S

萨迦 维京时代描写冰岛及挪威大事、英雄和著名家庭的故事集。起初其被人们口口相传，12世纪，人们第一次以文字的形式将其记载下来。

商人 通过倒卖货物谋生的一类人。在维京时代，他们会到遥远国度的市场去。

神灵 即神，对维京人最重要的神就是欧丁神和托尔神，维京人也信奉很多其他神。维京人自孩童时代起就听关于神的故事。

手推石磨 一种用来研磨谷物的磨，由两块环形的石头组成。

书架/书台 维京人用来陈列书籍的地方。

斯堪的纳维亚 挪威、瑞典、丹麦、冰岛及芬兰的维京人领土的统称。

斯拉夫人 居住在欧洲东部大片疆土上的民族。

T

土垒 由泥土制成的狭长土堆，起防护作用，通常在顶部设有围栏。

托尔神 维京人眼中掌控风暴、雷电和力量的神灵。维京人相信他能够驾着战车在天空中驰骋，掀起风暴。

W

维京人 海上士兵或是强盗。在维京时代，维京人还有其他一些别名，例如丹麦人或是古代挪威人，都意味着他们是北方人。

X

修道院 修士居住的地方。

修士 忠诚于上帝的人，不惜以生命为代价。

Y

遗骸/遗物 圣徒死后身体的一部分或是他留下的物品。

吟唱诗人 给大众、长官或皇室带来欢乐的一类人。他们会背诵描写勇敢士兵和君主的长诗。

右舷 船只或小舟的右侧，这个词是由操纵板(steering board)得来的。

Z

皂石 一种软岩石，易于雕刻，主要分布丁挪威。维京人用其制成碗和盘子。

战利品 维京人通过抢劫或是战争获得的贵重物品。

织布机 是一种操作简单的机器，人们用它来将毛线（比如羊毛线）编织成布。

珠宝盒/珠宝箱 装珠宝或是贵重饰品的盒子或箱子。

索引